AF176066

Impressum:

Autor: © 2021, Siegfried Klock
                  Am Mittelweg 97
                  26842 Ostrhauderfehn

Layout und Gestaltung:

G & H Reepsholter Verlag
Langstraßer Weg 8
26446 Reepsholt

Herstellung und Verlag:
BoD – Books on Demand, Norderstedt

ISBN:
978 375 571 32 89

Wunnerbaar Fresenland
Heimatleevde

Heimatliebe ausgedrückt in hoch- und plattdeutschen Gedichten und Versen

Siegfried Klock

Wunnerbaar Fresenland

Liebe Freunde der plattdeutschen und hochdeutschen Reime und Verse!

Mit „Wunnerbaar Fresenland" möchte ich euch auf eine kleine lyrische Reise in unsere Heimat mitnehmen. Das Land der Friesen birgt so wundervolle Landschaften, Geschichten und auch ein bisschen Mystik, die ich in meinen Versen und Gedichten gerne verarbeite.
Die Liebe zur Heimat, die Sehnsucht nach ihr und die bunte Vielfalt ihrer Landschaft und Historie faszinieren mich immer wieder und inspirieren mich zu diesen Versen.

Sicherlich ähneln sich die einzelnen Gedichte, sie sprechen immer wieder unsere schöne Heimat an, jedoch finden wir in jedem verschiedene Facetten und somit freue ich mich sehr, diese nun in diesem Gedichtband vorstellen zu dürfen.

Alle Gedichte, Verse und Fotos sind mein eigenes geistiges Eigentum, ich habe sie auf meiner Facebookseite „Wi sünd Oostfreesen un dat mit Stolt" immer mal wieder einzeln veröffentlicht, sie kommen aber alle aus meiner Feder.

Ich wünsche euch nun ganz viel Freude damit, taucht einfach mit mir in diese kleine Versenreise ein und lasst euch ein klein bisschen von unserer Heimat verzaubern.

Siegfried Klock, im November 2021

Jede Tied hett sien Gesicht

En letzte Blick noch up de mooie Tied.
De Warmt un Sünn maak uns so blied.
De Koll steiht an, de Bladen an d´ Grund.
In d´ Deep all still, bitche grau, statt bunt.
De Winter kloppt nu all so sacht an d´ Döör.
Is all froh duker, givt heel keen Klöör
Doch hett jede Tied sien egen Gesicht
Wi akzepteern dat, wachten up neei Lücht.
Övergang, as een Brügg, so kann man seen
Un heel getrost und geduldig ween.
Woord jümmers weer warm, wi sünd gewiss
Ok wenn man disse Sömmertied vermisst.

Der Hafen in Leer

Engel im Friesenland

Wenn das Abendrot ist in Sicht
später dann die Nacht anbricht,
In den Straßen gehen die Lichter aus
Stille kehrt ein von Haus zu Haus
leuchten die Sterne dem Friesenland
und Träume nehmen uns an die Hand
Der Wind berührt ganz zart das Dach
Und Engel geben auf uns Acht.
Und wenn wir dann den Morgen sehen
Können wir mit Zuversicht nach vorne gehn.

Der Blick zu den Sternen

Einst zeichnete er Ostfriesland auf Papier
Für all die Menschen, die lebten hier
Er predigte das Wort im festen Glauben
Und liebte es in den Himmel zu schauen
David Fabricius, seine Werke blieben bestehn
Er forschte nach Sternen,
die am Himmel stehn
Sterne, so unendlich, und doch so nah
Sie faszinierten ihn so, schienen immer da
Am Ende starb er durch andere Hand
Doch sein Erbe blieb uns im Friesenland
Der Blick zu den Sternen bleibt und steht
Für Unendlichkeit, die niemals geht

Heimatliebe

Fasziniert, von diesem einen Blick
wächst gleich ein Gefühl von Glück
Wärme strömt durch Körper, Geist
Was wohl wahre Heimatliebe heißt

Över Brüggen gahn...

Towielen löppt dat Leven nich heel rund.
De Heaven bitche düster, nix mehr bunt.
Man wenn du weetst, dit is dien Straat.
De musst du gahn, wat ok waard.
Gaah mutig wieder, vull Toversicht.
So löppst du wiss ok weer in´t Lücht.
All de Stenen up disse Patt
schmiet mit Schwung an t Siet in´t Natt.
Steihst du denn tomaal vör en Brügg,
Wees nich bang, gah nich torügg.
Du musst, üm beter to vestahn,
Ok över disse Brüggen gahn.
Up anner Siet dien Engel wacht
Un jümmers up dien Seele acht.

Die Tobiasbrücke in Holtermoor

Am Ende des Tages

Am Ende des Tages wird uns sicher klar
Sommer und Wärme sind nicht immer da
Machen Platz für Kälte und Dunkelheit
Die Nacht klopft schon an, hält sich bereit
Wir erinnern uns an die warmen Tage
So viel schöne Momente, ohne Frage
Doch ist wohl alles, ein Kommen und Gehn
Manchmal können wir es nicht verstehn
Anfang und Ende, Zyklus Natur und Leben
Wir müssen der Nacht eine Chance geben
Denn es bleibt ein Stern, der uns bewacht
Scheint auf das Fenster, die ganze Nacht
Wir schlafen dann ein mit viel Zuversicht
Bis der neue Morgen die Dunkelheit bricht
Und jeden neuen Tag wach zu werden
Gehört zu den großen Wundern auf Erden.
Dann Gutes bewirken, das Leben genießen
Lässt wieder Licht und Wärme sprießen.

Die Bohrinsel Dyksterhuusen

Regenbogenfarven

Gifft in Oostfreesland mennig Oort.
Verschleiht dien Spraak un jede Woord
Du luurst un luurst un worrst nich satt.
Een Blick, de nich vergettst un seggt di watt.
Regenbogenfarven, hier an´t Firmament
Di drömen laten, van Warmtde verwehnt.
Een besünner Oort, besünner Daag,
Dat wat dien Fresenhart so mach
Un wenn de Sünn denn ünnergeiht,
Een lütte Steern as Lücht hier steiht.

Uns Levensbook

De Steerns, de staht an d´ dunker Heven.
Se lüchten uns in d´ klaare Nacht.
 Engels kennen uns ´t heele Leven,
weeten wat uns noch all verwacht.
So männich Tofall, de wi beleven,
is al schreven up uns Padd.
Wenn wi wat hören, lesen, geven
Steiht al lang int Levensbladd.
Nix geböhrt blood ohne Grund
Steiht jümmers fast ünner Sinn
Dat maakt just uns Leven bunt.
All dat steiht in uns Book in.

Pogum

Harvsttied

De Harvst, de kloppt nu an de Döör.
De Bladen kriegen bunte Klöör,
Jahrstieden kamen un gahn,
En Zyklus, de wi as Natur verstahn.
Allens is vergänglich, woord uns klaar.
Wat blifft, is Leevde, de is jümmers daar.
So hebbt wi Minschen de groode Hopen
Jümmers an d´ Siet van Engels to lopen.
Un wenn du uppasst, genau verwachst,
Föhlst du de Engel, de up di acht.

Eine Brücke am Fehntjer Meer

Mühlenflügel ziehen Kreise

Mühlenflügel ziehen ihre Kreise
Nutzen den Wind auf ihre Weise
Geben uns allen Energie und Kraft
Etwas was nicht vergeht und Gutes schafft
Anfang und Ende gibt es da nicht
Wie bei Energie ist nur ein Wandel in Licht
Nur die Wolken ziehen an ihnen vorbei
Wie die Gedanken, so fliegen sie frei
Ziehen einfach davon, leis und leicht
Ihr hübscher Anblick Engelsflügeln gleicht
Wir lassen uns gerne von Ihnen faszinieren
Weil sie Himmel und Leben so schön
verzieren

Mühle Larrelt

Hoffnung

Die Sonne zeigt gerade ihre ersten Strahlen
lässt unsere Heimat schon in Farben malen.
Ein Stern noch scheint, mit hellem Licht
Dann ist der Morgen schon in Sicht
Verträumter Blick auf Baum an Baum
So hübsch, verbunden anzuschaun
Die Äste, sich vertraut umarmen
Stehen eng und fest zusammen
Gesät, gewachsen aus einem Keim
Verdecken sie leicht den Sonnenschein
Schenken uns Sauerstoff zum Leben
Können auch Schutz und Schatten geben
So sind sie zusammen ein Teil vom Ganzen
Hoffnung im Leben auf viele Chancen

Tanzen auf dem Regenbogen

Tanzen die Wolken auf Regenbogen
Kommen Engel zu uns geflogen
Begegnen uns mit einem zarten Wind
Unsere Herzen voll Liebe und Demut

Dat Spill in ´t Leven

Dat Leven spöölt sien egen Spill.
Maakt jümmers dat, wat Leven will.
Maal kummt dat harter as verwacht.
Schleit üm tomaal, so över Nacht.
Doch is dien Engel an dien Siet,
De di beschützt un helpt döör de Tied
Kummt, nich verwacht, mit grode Foot.
Wat heel besünners, wat glückelk maakt.
Wees blied daarbie, wat denn geböhrt,
Wat annern seggen, wat ok stört.
Leevde is daar, wees di seker.
Wat du giffst kummt wier un beter.
Nu schenkt di jeder Daag ok neei
Wunnerbaar Leven, so upstee.
Denn is vergeten un vergahn,
Wat man dien Hart un Seel hett doon.

Das Friesenland

Das Friesenland so bunt und nah
Der Himmel darüber sternenklar
Die ersten Sterne sind zu sehen
Und lassen Tag und Sonne vergehen
Es werden immer mehr zur späten Nacht
Und geben beim Träumen auf uns Acht
Irgendwie gleich und doch verschieden
He..einer strahlt doch heller, ist geblieben
Beschützt mit all seiner Liebe und Kraft
Kann nur ein Engel sein, der das schafft

Holter Hammrich

Burg Stickhausen

Zwischen Gebüsch, Strauch und Baum
Steht Burg Stickhausen, hübsch anzuschaun
Einst von der Hanse zum Schutz errichtet
Jedoch als Häuptlingssitz nicht berichtet
Und doch gehört sie zur Friesengeschichte
Zeigt sich nun stolz im neuen Gesichte
Von links nach rechts ein Lichterstrahl
In diesem Bild bringt uns die Mystik nah
Vielleicht Zufall, Sonne oder einfach Licht
gewöhnlich aus sieht es allemal nicht.
Es zeigt wie ein Pfeil auf den Mühlenstein
Wunderbar zu schauen dieser Schein
So birgt die Geschichte noch manche Frage
Unendliches erzählen von ihrer Sage

Burg Stickhausen

21

Freesenland

Luurst du geern up dien Heimatland
Is en ganz besünner Band Fresenland, so
ruhig un wiet
Maakt di jümmers wedder blied.
Is dien Leevde, dien Wohlföhloort,
Ut to drücken in Leed un Woord.
Sett di daal, geneet de Blick.
Dat is wahre Fresenglück.

Die Liebe

Die Liebe ist das schönste Gefühl auf Erden
Sie ist, bleibt, kann nie zerstört werden
Sie macht keine Angst, hält dich warm
Sie macht dich glücklich hält dich im Arm
Sie verzeiht und bindet Seele und Herz
Sie überwindet letztlich jeden Schmerz
Die Liebe ist ewig, ein ewig Band
Sie hält uns Menschen zart an der Hand

Schipp in Not

Kummst mit dien Schipp in tusterg See,
Hoge Wellen, is nix mehr upstee
Steihst alleen för disse Barg vull Sörgen.
Is de Weg an Land to wiet vör Mörgen.
Denk jümmers doran, wat di geböhrt,
Watt annern denkt un seggt un hört,
Du büst de Kaptän up disse Schipp,
Veantwortlich för dien egen Tripp.
Staah up dien Been, riet rüm dat Stüür,
Döör all de Wellen, döör jeder Füür,
Holl di an dien Steerns an de Heeven
De Weg in de Heimat is dien Leven
Daarr is well, jümmers an dien Siet
De steiht to di un holt di blied.
Irgendwenner kummst in de Heimat an
Mit Toversicht, dat good gahn kann.

Gute Nacht

Wenn es dunkel wird, es geht zur Nacht
Werden wir Menschen von Sternen bewacht
Wir schlummern in die Träume hinein
Und schlafen sanft und ganz ruhig ein
Blauer Himmel, fast kein Wind
Ein Wolkenbild, wo wir Friesen sind
Majestätisch steht sie nun da
Ihre Flügel schön und wunderbar
Mahlte die Ernte für Hunger und Brot
Zu Weizen, Gerste und Roggenschrot
Die Mühlen drehten sich für uns Friesen
Standen parat bei guten Brisen
Ihre Anmut zeigt sich auch noch heut
Ein Anblick der uns immer freut
Sie werden die Zeiten überdauern
Und weiter auf gute Brisen bauen

Besünner Band

Luurst du geern up dien Heimatland.
Is een ganz besünner Band
Freesenland, so ruhig un wiet
Maakt di jümmers wedder blied.
Is dien Leevde, dien Wohlföhlort
Ut to drücken in Leed un Woord
Sett di daal, geneet de Blick
Dat is wohre Freesenglück, Wulkentied
Laat di van de grode Wulken dragen
Lütte Reis daarup to wagen
Dat Univerum is unendlich wiet,
Ohne Grenzen, ohne Tied.
Süchst mit anner Oogen de Welt
Van boven de Wunner, denn dat tellt
Wat ok wier, wat di was geböhrt
Disse Tied is de, de di hört.
Sass seen, vörbie geiht Kummer un Pien
Allens woord heller, en wunnerbaar Schien.

Radbod oder Cirksena

Denkst du an Radbod oder Cirksena
Das Land der Friesen, so wird uns klar
Geschichten und Legenden leben
können dir soviel Schönes geben
denn das Heimatland der friesisch Ahnen
geheimnisvoll mit unseren Farben
Burgen, Schlösser, besondere Orte
zuhauf beschrieben in Bild und Worte
halten uns fest, ziehen uns in den Bann
einmal gesehen, bleiben immer dann
Heimatliebe ist Geschichte und Wort
Gefühl, erleben und natürlich auch Ort

Dollart

Zwei Bäume

Zwei Bäume neigen sich zur Bank
Behutsam, Äste, Zweige schlank
Sie schützen uns vor manch Gefahr
Auch für die Tiere sind sie da
Sie schaffen zum Atmen gute Luft
Erfreuen uns mit Frühlingsduft
Stumm, und doch erzählen sie gern
Am Tag der Sonne, am Abend dem Stern

Dat Wunner „Leven"

De Heven strahlt in Avendrood,
Unendlich wiet, unendlich groot,
Eenfach setten un geneten
Um dat Wunner Leven weten.
Deep dööraamen, wi schluten uns Ogen.
Bitche drömen up Freesen Wellen un Wogen.

Sture Tieden

Hest du sture Tieden in dien Leven,
Allens geiht scheef of löpt di tegen
Reicht de Kraft nich mehr, tomaal
Is jede Tree un Greep en Quaal.
Meent dat nich jeder mit di good,
Woorst beschketen bit up Blööd.
Denk daaran, wat di ok geböhrt
Is jümmers well, de di ok hört
En Engel, de di sitt an Siet,
De dien Hart maakt wedder blied.
De di stöhnt, en Schienfatt holt.
De Tied nu word weer beter bold.
Irgendwenner is allens weer liek
Un du kickst tofree un blied över d´ Diek.

Unsere Heimat

Ein kurzer Blick auf Hafenflair
berührt ein Friesenherz so sehr
Schiffe, Wasser, frische Luft
und dieser ganz besondere Duft
Umarmt von blauem Wolkenband
Unsere Heimat, Friesenland

Överfleegen

Sacht schweven över Boom un Rasen
een poor lütt un grode Sepenblasen.
Lautlos de mooi Heimat överflegen,
Nix un nüms stellt sück hör tegen
Un kickst du in de Sepenblaas rin
Süchst dor bannig völe Dinge in.
Mit Regenbogen, Steern, Figuren
As een Glaskugel, Tokunft luuren
So bunt, so licht, so wunnerbaar
Sepenblasen sünd för Bliedskupp daar.

Heimatleevde un Heven

De Heven steiht as en bunte Bild
Heel sacht un sanft weiht de Wind
Dat is de Tied, eenfach drömen
Un sück up de Heimat stöhnen
Ogen dicht, up Reise gohn.
De Heimatleevde to verstohn.
Tomaal geiht de warme Schuur döör ´t Leven
Un nix kann dit Geföhl denn nehmen
Duuk in, geneet dien lütte Tour
Dat is Heimatleevde pur.

Friesenwind

Zwischen Bäumen, Ästen, Zweigen
Sich stolze Mühlenflügel zeigen
Sie recken sich gen Wolkenband
Reichen dem Friesenwind die Hand
Drehen sich majestätisch dann
Und man Korn somit mahlen kann
Doch hat diese Mühle wie das Leben
Zeiten mit schweren Schicksalswegen
Bis auf die Mauern abgebrannt
Dann wieder diese Pracht entstand
Verzaubert uns als neuer Stern
Dorf, Gemeinde nah und fern

De wiede Blick

De wiede Blick up Land van Freesen
Wat kann dat mooies för uns geven

Die Sonne kommt

Wenn Wolken am Himmel stehen
Die Sonne ist gerad nicht zu sehen
Dann weißt du eines ganz bestimmt
Die Sonne kommt wieder und gewinnt

Upstalsboom Aurich-Rahe

Der leise Wind

Hörst du im Hafen den leisen Wind
er deine Aufmerksamkeit gewinnt
erzählt dir nun kleine Geschichten
wird ab und zu einen Reim dichten
Lass dich nun nieder, verweile hier
die kommende Zeit gehört nur dir
Zu Beginn ein leises "He, du, Moin"
wird dich mit seiner Stimme erfreun
Lausch den Worten, die er erzählt
hat dich zum Zuhörer hier erwählt
Mit seiner Stimme, die du nie vergisst
Verstehst du jeden, der die Heimat vermisst

Hoch im Norden

Hoch im Norden, Heimatland
Als Land der Friesen gut bekannt
An der Küste, am Nordseestrand
Mit hohen Deichen, salzig Sand

Das Kirchspiel

Ein Kirchspiel mitten unter Friesen
Mit Glockenklang an grünen Wiesen
Majestätisch in den Himmel ragt
Selbstverständlich, wie man so sagt
Und doch war es im Friesenland
Nicht immer so, ist wohl bekannt
Zum christlichen Glauben, lange Zeit
Waren die Friesen nicht bereit
Bis zuletzt wollten sie sich wehren
Von den Franken, nicht lassen bekehren
Am Ende wurden die Friesen zu Christen
Und ließen sich in Kirchspielen listen
Verdrängt der Glauben an Wöda und Tor
Der christliche Glaube zog ein ins Moor

Kirche Bokelesch

Was uns Friesen bindet

Was uns Friesen ewig verbindet
und sicher alle Zeit überwindet
Ist unsere Geschichte von Anbeginn
Der Wunsch nach Freiheit, stets im Sinn
Die Nähe zum Wasser, rauem Meer
Frischem Wind, das lieben wir sehr

Was uns Friesen ewig verbindet
und sicher alle Zeit überwindet
ist unsere Toleranz und Kraft
Dass man zusammen vieles schafft
Die friesische Freiheit, erste Demokratie
Nicht aufzugeben und nie auf die Knie

Was uns Friesen ewig verbindet
und sicher alle Zeit überwindet
ist für uns alle der Upstalsboom
der Ort für Eltern, Tochter, Sohn
Hier zu spüren den Friesenwind
Und alle Ahnen, die hier noch sind.

Bunte Farben

Oft faszinieren bunte Farben sehr
Das kommt ja nicht von ungefähr
Farben läuten gute Laune ein
Im Herzen darf es Sommer sein
Farbig, bunt wie der Regenbogen
Berührt er uns von eh gebogen
Man sagt, wo er berührt die Welt
Einen Schatz er dort versteckt bestellt
Auch wenn dies ist nur pur Legende
So reichen wir ihm gern die Hände
Verzaubert uns mit seinem Schein
Seine Farben lassen uns fröhlich sein.

Wind und Kraft

Du kannst den Wind niemals bezwingen
Doch oft hört man ihn ganz laut singen
Er lässt uns fliegen, dreht den Stein
Seine Kraft lässt uns oft leichter sein

De Leevde fraggt nich

De Leevde bläht sück nich up.
Se hollt dien Leven ewig in Schwung.
De Leevde fraggt nich, wat du hest,
Se is bedingungslos un fest.
De Leevde kennt keen Ego un Hass.
Se hollt di warm un jümmers fast.
De Leevde lett di noit alleen,
Se will alltied blod bi di ween.
De Leevde kickt nich, wat geböhrt.
Se överdurt de Dood, wiel se sück blod hört.
Nu avers blieven Hopen un Glöben un
Leevde. De Leevde is avers dat groodste
Geschenk.

Der Bahnhof

Ein kleiner Steg am Fehnkanal
Ein schöner Blick, na allemal
Wie ein Bahnhof, eine kleine Station
Ein Wasserweg mit Faszination
Malerisch, fließendes Leben
Was kann es Schöneres geben

Dien Levenstied

Wees dankbaar för dien Levenstied.
För allens dat, wat du maakst blied,
För all de Minschen, de du kennst,
För all de, de du Frünnen nennst.
Wees dankbaar, för all wat du beleevst.
För all dien Erfahren, wat du weetst.
Wees dankbaar för all de Leevde,
De di de anner Minschen geevt.
För jede Dag mit Ogen open,
För jede Tree, de du dürrst lopen.

Du büst eenzig un wunnerbaar

Laat noit in Leven mit di spölen,
Wees vör nüms nich en van Völen.
Du büst eenzig un man eenmaal daar,
Wees gewiss, du büst wunnerbaar

Ein kleiner Steg

Ein kleiner Steg am Uferrand
irgendwo im weiten Friesenland
Hier geht's los, oder kommt an
Wie am Bahnhof, irgendwann
Leben ist wie eine große Reise
Mal ruhig, mal laut auf seine Weise
Mal verloren, mal gewonnen
Glücklich, traurig, auch benommen
Doch bleibt klar auf jeder Fahrt
Das Ziel, die Heimat, die man hat.
Anzukommen, kostet manchmal Mut
Doch Heimatland, du tust uns gut

Vertroen un Glöven

En Blick up disse moje Kark
Bout van Freesen, disse Wark.
Se steiht hier fast up Fundament.
Siet völe Johr, hör jeder kennt.
Ünner disse Dack wurd jümmers bet,
Reert un lacht, in Glück un Leed.
Nich weg to denken van disse Oort
Word hier predigt Gottes Woord.
Man ok dat Bildche kann faszinieren.
Genau bemerken, de Oogen fiern
Mit Farven, Bau un ok Figuren
Laten uns genau henluren.
Mit Fantasie en bitche spölen
Is disse Bildche, ok en van Völen
Un doch eenmalig un vertellt
Van Glöven, Vertroen up disse Welt

Das Gefühl der Seele

Heimat ist ein bedeutendes Wort
Es ist viel mehr als nur ein Ort
Heimat ist auch Gefühl der Seele
Wo wir sind, das Zuhause wähle
Heimat hat so viel schöne Facetten
Beständig wie verbundene Ketten
Heimat hält fest, das ganze Leben
Kann so viel Kraft uns geben
Wir Friesen wissen das nur zu gut
Hier geboren, geht's uns so gut
Wir lieben diese raue Brise
Die frische Luft, die grüne Wiese
Kanäle, Deiche und die Siele
Gründe, hier zu leben, gibt's so viele
Und sicher ist und bleibt, wir sind
Jeder für sich, ein echtes Friesenkind

Dankbaar

Un weer beginnt een neeie Dag,
De di villicht seggt, dat he di mag.
Wees nu dankbaar för dien egen Leven,
För dat, wat Gott di all hett geven
För jeder Lachen, jeder Moment,
För all de Minschen, de di kennt,
För all de Deeren, de di achten,
Un mennig maal ok up di wachten,
För jede Satz un jede Woord,
För dien Heimat un dien Oort
Wees dankbaar för dien Leevde,
De di dien Tegenöver geevt.
Holl de Free in Hart un Seel
Un sing en Leed ut vulle Kehl
Sing Danke, för all, wat di woord schenkt.
Vör dat wat dien Leven lenkt,
Kiek na vörn vull Toversicht.
Up Dunkerheit kummt jümmers Lücht

Spiegelbild

Ein farbenfrohes Spiegelbild
Heimat Sehnsucht manchmal stillt
Faszinierend, dieser Blick
Spiegelbilder voller Glück
Für den Moment, vertraut und nah
Voller Ruhe, sieht man klar
Heimat ist nicht nur ein Ort
Heimat ist Gefühl und Wort
Im Herzen ist der Heimatplatz
Wo du auch gehst, es bleibt ein Schatz

So geborn

Wat dat Leven di ok brengt,
Wat di jümmers drifft un lenkt,
Well ok jümmmers över di proot,
Well di ok veracht of loovt,
Letztlich büst und bliffst du Du.
So geborn un wuursen bit nu.
Wenn sück de Heven denn weer klaart,
Is de Moment, waar sück dien
Leven up Moment bedohrt.

Ein Liedchen

Wolkenbilder zieren Heimatland
Getrieben von unsichtbarer Hand
Blauer Himmel im Hintergrund
Die Erde, das Leben ist kunterbunt
Hier wo Friesen schon ewig leben
Uns die Heimat hat so viel gegeben
Hier weht oft ein frischer Wind
Ein Liedchen, wie glücklich wir hier sind

Die Altstadt

Wolken treffen auf Altstadtflair
Fassaden, Fenster und noch mehr
Blicke in die Vergangenheit
Vertraut, doch mittelalterliche Zeit
Man stellt sich vor, wie war es hier
Mit Pferd und Wagen, Mensch und Tier
Schwere Arbeit, ein hartes Leben
Alles für die Existenz zu geben
Und doch fasziniert diese Zeit
Ein wenig uns alle auch noch heut

Manche Maal

In 't Leven geiht dat manche Maal
faak hen un her, ok up un daal.
Gifft Tieden, daar büst bestens drupp
un annern, heel an d´ Grund, haast up.
Mennigmaal as in en Achterbahn
dreiht sück allens, hest leege Hann.
Man wees gewiss un holl denn döör
Up schwart un witt kummt anner Klöör
Daar is well, de, wat kummt, to di steiht,
wenn de Wind hart bruust un weiht.
De Sünn schient weer, just heel tomaal.
Wat di geböhrt, schient denn egaal.
Vertroo up di, up disse Leevde un Kraft
du hest mit hör all alles schafft.

Helle Lichter

Heimat hat so viele Gesichter
Jedes eins der hellen Lichter
Das was strahlt in unserem Leben
Wir dürfen dies Geschenk gern nehmen

Zartes Band

Der Blick auf unser Heimatland
Ein ganz vertrautes zartes Band
Der Hafen seine volle Pracht
Morgensonne am Steg, sie lacht
Es ist so schön, hier zu leben
Mancher Blick bleibt einfach kleben
Warmer Hauch vom Friesenwind
Ich bin so gern ein echt Ostfriesenkind

A 31 Blick auf eine Brücke

Lütt Siefkes Tee Riem

Steiht Lütt Siefke mörgens up, oh je!
Hett futt Jank na Pott full Tee.
Kedel gau mit Water full.
Füür mutt an, wiel dat koken sull.

45

Tee in Treckpott, Tied blifft stahn.
Is nu Teetied, mutt nu gahn.
Is dat denn so Schlag elf Ühr.
Kummt de Kedel weer up Füür,

Teetied, tweede Maal an Dag,
Wiel Lütt Siefke dat geern mag.
Naamiddag denn, schleiht Klock dree,
Hollt Köppke Tee hüm denn tofree.

Noch twee un dree Köppke drupp
Is de Treckpott wedder up.
Kiek, is Avend, is Klock söven,
Nu gifft Tee, dat wullt woll glöven.

Ja wat lecker, Köppke Tee
Lütt Siefke weer Moment tofree.
Man wat sall he jau vertellen,
Word ´t Klock negen, Pott upstellen,
Endlich wedder Köppke Tee.
In ´t Bett is Lütt Siefke wier tofree.
Un nachts dröömt Siefke denn van Tee.
Oh Mann, so ´n Köppke wier nu echt upstee.

Fresenland so wunnerbaar

De blaue Heven över `t Land
Wulken susen achtern lang.
Dat Weer is mild, de Luft so klaar.
Dat Fresenland, so wunnerbaar.

De Bomen hebbt hör eerste Bladen,
Kunn wall bold wat warmer worden.
Dat Gras woord gröön, Sünn is daar,
Dat Fresenland, so wunnerbaar.

En mooi Geföhl, de Seel so licht,
Wat leckers eten, en Gedicht,
Buten sitten, Wind in ´t Haar,
Dat Fresenland so wunnerbaar.

Heimat, is nich blood een Oort.
Heimat is Geföhl un Woord.
Platte Schnack, liek ut un klaar,
Dat Fresenland, so wunnerbaar.

Ruhe

Ein Blick zur See strahlt Ruhe aus
So nah, so dicht, hier bist Zuhaus
Zarter Wind streicht das Haar
Ansonsten Stille, wunderbar
Achja, das Rauschen von der See
erzählt Geschichten bei einem Tee
Wohlfühlzeit, nur Zeit für dich
Das ist auch Heimat, merke ich.

Wasser und Himmel

Wenn Wasser auf Himmel und Wolken trifft,
Ein schwerer Wind ans Ufer schifft
Dann bist du im Land der freien Friesen
Das Land, welches wir alle so lieben

Bilder

Jedes Bild erzählt Geschichten
In vielen läßt sich Schönes sichten
Altstadtflair, heimatlich vertraut
So schön egal wohin man schaut

Friedlich

Zart durch die Bäume, die Sonne winkt
Der Morgen die Nacht zur Ruhe winkt
Alles so friedlich, die Schafe weiden
Sichern den Deich vor Fluten zuweilen
Idyllisches Bild, friesisches Flair
Wir lieben die Heimat der Friesen so sehr

Schweben

Kurz mal über Wolken schweben
Ostfriesland aus der Luft erleben
Aus Blicken der Vogelperspektiven
Unsere Heimat, die wir lieben.

Övert Diek

Övert Diek un achter Boomen
Deiht sück lütte Blick wall lohnen.
Steiht ein Stück Geschicht, nich wiet
Ut de lange Häuptlingstied
Een freeske Wind hier jümmers weiht.
Borg Stickhusen, so mooi, se steiht.
Un lüsterst du de Wind sacht to,
Hörst du de Geschicht man so.

Heimat spüren

Weht die Fahne stramm im Wind
Dort, wo wir Ostfriesen sind
Heimat spürn, zu Hause leben
Was kann's Schöneres für Friesen geben

Ein Hauch Freiheit

Norden, Süden, Osten, Westen
In Ostfriesland ist am Besten
Ganz egal wo du hier auch bist
Hier, ja hier spürst du Lebenslust
Weites Land und frische Luft
Saftig Gras, ein herrlich Duft
Hier, an Ostfrieslands Mittelpunkt
Ein Hauch Freiheit im Herzen summt
Unendlich weit der eigen Blick
Ein kleines Wunder, Herzensglück
Mach dich auf, im Friesland
Nimm die Freiheit an die Hand
Ein Paradies, so schön zu leben
Der Seele einfach Gutes geben.

Schiffe

Schiffe, Boote, Wasser, Hafen
Und am Deich ein Meer von Schafen
Frische Luft und flaches Land
Weit zu schauen, wohl bekannt
Welch Zuhause, hier zu leben
Natur zu spüren und zu sehen
Ein Gefühl von Dankbarkeit
Für jeden Moment, für diese Zeit

Letzter Stapellauf der Jansen Werft Leer

Blick und Glück

Lieb jeden Tag den Heimatblick
Genieße, spüre, dieses Glück
Hier zu wohnen und zu leben
Und Ostfriesland so zu sehen
Das kleine Paradies im Norden
Hier bist geboren, groß geworden
Sei dankbar, freu dich, lieb dein Leben
Ostfriesland kann dir so viel geben

Karkspill in`t Fresenland

De Karkenspillen hier in 't Fresenland
In uns Geschichte lang bekannt.
Dat wier dat Zentrum van Gemeen.
Waar jede Dörpbewohner wier to sehn.
Hier wurr regelt un beschloten,
Wat rechtens is un wat verboden.
Un noch vandaag is daar to lesen,
Well hier geboren un hett leven.

Weites Land

Weites Land, so weiter Blick
Unbeschreiblich Friesenglück
Schützend Wall vor Wasserflut
Jeder Deich sein Gutes tut
Und doch bleibt unversperrt die Sicht
Wenn man hinauf geht in das Licht
Den Schleier hinterm Deich umgeht
Dann weiß man wieder wo man steht
So wird der Blick dann wieder klar
Scharfe Sicht ist wieder da

Leichter Schnee

Leichter Schnee bedeckt den Hafen
Über Nacht, in der wir schlafen
Aus unsern Träumen aufgewacht
Beginnt der Tag, wird getan, gemacht
Von eh und je ein Fischer Land
Harte Arbeit, Hand in Hand
Und ist die Arbeit dann verrichtet
Erschöpfte Glieder, die man sichtet
Und doch hat alles seinen Charme
Zeit zusammen, Arm in Arm

Küssen

Wenn Wolken Sonnenstrahlen küssen
Den Blick, man möchte ihn nicht missen
Der Blick, Gefühl und frische Luft
Ein ganz besonders frischer Duft
Hier verweilen und zu eben stehn
Durchzuatmen, Himmel sehn
Träumen, dann auf Wolken leben
Dem Heimatland das Herz zu geben

Jan- Berghaus- Brücke

As Frees geboorn

As Fresen sünn wi hier geboren
En Geschenk an jede Dag.
Hebbt uns Bliedskupp nich verloren.
Heimat, de een jede mag.
Waakt wi up an jede Mörgen.
En Wunner, denn dat is uns Tied.
Stemmt wi mit vööl Kraft uns Sörgen,
Leven, lachen maakt uns blied.

Auf dem Wind

Mit den Wolken einfach schweben
Phantasie, verspieltes Denken
Friesische Perspektive leben
Mit dem Wind zur Heimat lenken
Auf diesen Eindruck kurzer Blick
Dann die Augen einfach schließen
Träumen, treiben in friesisch Glück
Lässt Herz und Seele fließen

Torügg denken

Mennig maal mutt ik dran denken
as wi all noch Kinner weern.
So manches kunnen Öllern lenken,
Wat satt wi doch up seker Steern.
Gung uns dat maal nich richtig good,
Leten wi de Kopp denn hangen,
Uns Mööder gaav uns richtig Mööt.
Un Kinner mussen nich mehr bangen.
Hier an ´t Siel steiht Tied noch still.
Allens so mooi in Fresentracht
So as man dröömt, sien Heimat will
Un as wi as Kinner dat verwacht.
Man is uns klaar, de Tied geiht hen.
Faak düchtig ruusig mit Gebrull.
Wi denken geern torügg maal denn,
Wat ok in Hart blieben sull.
Vandaag is dat en anner Leven.
De Loop van Technik is de Stöhn.
Bi all de Hektik, uns Ruh maal geven,
Denn blifft de Minsch up Böön.

Küstenduft

Blauer Himmel, frische Luft
Ein ganz besonderer Küstenduft
Plattbotenschiffe liegen im Hafen
Magisch still, scheint das Dorf zu schlafen
Gedanken noch an die Weihnachtszeit
Stille Tage, die das Herz erfreut
So zieht sie hin, die Zeit ins Jahr
Alles neu und doch noch da
Genießen wir nun einen letzten Blick
Weihnachtszauber, Winterglück
Im Wissen um unser Heimatland
Gebaut an der Küste im Friesensand

Friesenwind im Haar

Friesenwind streicht zart durchs Haar
Ein schönes Gefühl im neuen Jahr
Hier im Land von Radbods Erben
Oft gepeinigt und voller Kerben
Deiche mit bloßen Händen erbaut
Den Gesetzen der Gezeiten vertraut
Und doch ist es das Friesenland
Was uns hier festhält an der Hand
Jeder Blick, hier, an der Küste fasziniert
Beim Schauen die Seele wärmer wird
Vertraute und heimatliche Bilder
Auf Wasser, Hafen und auf Felder
Das Friesenland, unendlich weit
Unsere Herzen jeden Tag erfreut

Oll Jahr

Dat Water löppt sien egen Padd.
Ebbe un Flöt, maakt Föten natt.
So is dat un wall ok in Leven,
Van truurig na blied kann allens geven.
Nu kiekt wi blied in ´t neje Jahr.
Freun uns drupp un kieken klaar,
Endlich los to laten de olle Tied.
Oll Jahr is Geschicht. Nu ist sowiet,
Mit Damp un Freid, nu uprecht gahn
Un positiv in ´t Leven stahn.
Nejes kamen laten, Chancen geven,
Leevde un Bliedskupp düchtig leven.

Plytenberg Leer

Up Duntkerheit kummt Lücht

Un wier vergeiht en neei Dag
De uns seggt, dat he uns mag.
Kummt uns vör, wi köönt nich genögen.
Verdreten wi nich, na de Grund to söken.
Weeten, de Engels an uns Siet,
Sünd wi truurig, maaken se uns blied.
Sünd dankbaar för uns Leven.
Dankbaar för dat, wat Gott hett geven.
För jede Blick un för jede Moment,
För all de Minschen, de uns kennt.
För all de Minschen, de uns achten,
Uns vertroen un up uns wachten,
För jede Geste un jede Woord,
För uns Heimat un uns Oort,
Bün dankbaar för uns grode Leevde.
De uns tegenöver schenkt un geevt
Holl mien Free in Seel un Hart
Up dat all beter bold wier waard.
Segg Danke, för wat uns woord schenkt
För all dat wat uns Leven lenkt,
Bünt getrost, vull Toversicht
Up Dunkerheit kummt jümmers Lücht.

Zum Autor

Siegfried Klock wurde in Idafehn geboren. Er machte eine Ausblidung zum Industrieschiffbauer und arbeitete überwiegend bis zum Konkurs bei der Jansen-Werft in Leer. Er wechselte in die Automobilindustrie und arbeitet bis heute im Volkswagenwerk Emden.

Seine Liebe zur Heimat, zum Schreiben und Dichten, in hoch- und plattdeutsch, ließen ihn Liedertexte, Verse, Übersetzungen ins Platt- deutsche, und 2020 auch einen Ostfriesland- krimi umsetzen. Aktuell schreibt er an einem weiteren Ostfrieslandkrimi.

„Wunnerbaar Fresenland" ist eine Ansammlung einiger Verse und Gedichte, die er im Laufe der Zeit über seine Facebookseite

„ Wi sünd Oostfreesen un dat mit Stolt"

dort als Begrüßungsbeiträge veröffentlicht hat. Er wurde immer wieder gefragt, warum es keinen Sammelband der Gedichte gäbe.

Mit diesem kleinen Werk möchte er der Nachfrage entsprechen.

Ebenfalls von Siegfried Klock: